(N° 281)

Vente du Samedi 28 Décembre 1912

HOTEL DROUOT — SALLE N° 10

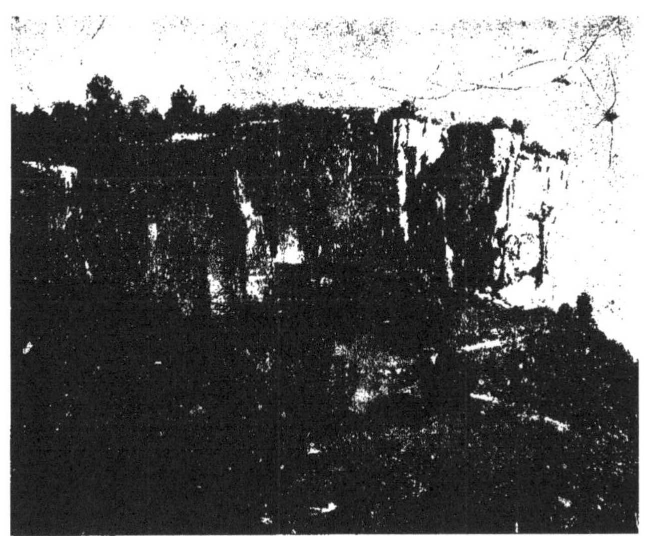

N° 25 du Catalogue.

PEINTURES
&
DESSINS
ANCIENS & MODERNES

Mes FOURNIER et DESVOUGES

M. LOYS DELTEIL

EXPOSITION PUBLIQUE, HÔTEL DROUOT, SALLE N° 10,
LE VENDREDI 27 DÉCEMBRE 1912, DE 2 HEURES A 6 HEURES.

FRAZIER-SOYE

GRAVEUR-IMPRIMEUR

153-155-157, Rue Montmartre

PARIS

CATALOGUE

DES

PEINTURES

&

DESSINS

ANCIENS & MODERNES

par ou attribués

à

H. BELLANGÉ, ROSA BONHEUR, COROT, DEBUCOURT, DELACROIX
FORAIN, HARPIGNIES, ISABEY, JACQUE
LANCRET, OSTADE, RAFFET, RIBOT, RODIN, ROUSSEAU, SISLEY
VAUZELLE, WILLETTE, etc.

Dont la vente aura lieu

à Paris, HOTEL DROUOT, Salle N° 10

Le Samedi 28 Décembre 1912

à 2 heures précises

Par le Ministère de :

Me ED. FOURNIER
COMMISSAIRE-PRISEUR
29, *Rue de Maubeuge*

Me ANDRÉ DESVOUGES
COMMISSAIRE-PRISEUR
26, *Rue de la Grange-Batelière*

Assistés de M. LOYS DELTEIL, Graveur et Expert
2, *Rue des Beaux-Arts*

CONDITIONS DE LA VENTE

Elle sera faite au comptant.

Les adjudicataires paieront *dix pour cent* en sus des enchères.

M. Loys Delteil remplira les commissions que voudront bien lui confier les amateurs ne pouvant y assister.

MM. les Amateurs pourront visiter la collection, 2, *rue des Beaux-Arts*, du Lundi 16 au Mardi 24 Décembre 1912, de 2 heures à 5 heures (le Dimanche excepté).

Exposition Publique, Hôtel Drouot, Salle N° 10, *le Vendredi 27 Décembre 1912, de 2 heures à 6 heures*

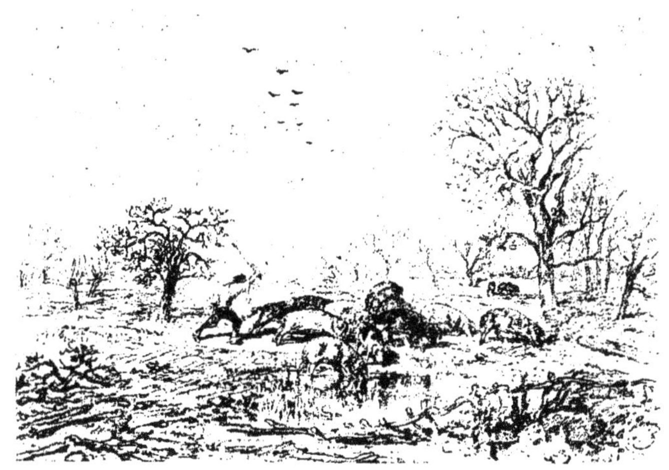

N° 118 du Catalogue.

DÉSIGNATION

AMAURY-DUVAL

1. Etudes de figures. Trois dessins (un signé).

ANONYMES (XIXe siècle)

2. Château de Neuilly — Château d'Eu. 1830-1840. Deux aquarelles de forme ovale.

2 *bis*. Modes de la Restauration. Deux dessins aquarellés.

ANQUETIN

3. Groupe de Baigneuses. Sanguine. Signée.
L. 280. H. 265.

BALAN (L. E.)

4. Les Laveuses. Dessin aquarellé. *Signé.*
L. 160. H. 105.

BELLANGÉ (Hippolyte)

5. Les Amis. Aquarelle. Signée et datée : 1833.
L. 223. H. 193.

6. Au village. Dessin aquarellé. *Signé* et *daté* : 1846.
L. 170. H. 119.

7. Mariage de raison. Sépia aquarellée.

8. L'Aveugle. A la plume. Signé.
H. 310. L. 215.

BERAT (E.)

9. Croquis divers et Paysages (Bapaume, La Bouille). Cinq dessins *signés*.

BERNIN (le Chevalier)

10. Décoration de Palais. Plume et lavis de bistre. Collections Fleury-Hérard et Dupan. Encadré.
H. 312. L. 212.

BODART (A.)

11. L'Estaminet. A la sépia. *Signé* et daté (1668 ?).
L. 194. H. 144.

BONHEUR (Rosa)

12. Deux Chevaux gardés par une fillette. Aquarelle. *Signée.*
L. 265. H. 180.

BONINGTON (attribué à R. P.)

13. Marine. Peinture. Encadrée.
L. 410. H. 230.

BOTTINI (Georges)

14. Les Amateurs. Aquarelle. Signée.
H. 285. L. 258.

15. Le Repos. Aquarelle, *signée* et datée : 98.
L. 265. H. 160.

BOULANGER (Louis)

16. Rêverie. A la plume. Signé.
H. 285. L. 200.

CARRIER-BELLEUSE (A.)

17. Figures décoratives. Deux dessins à la craie sur papier brun. Signés. Encadrés.

CHASSELAT (Ch.)

18. Le Serment d'Amour. Sépia. Signé des initiales.
L. 154. H. 119.

CICÉRI (Eug.) — DANDIRAN (F.)

19. Paysages. Deux aquarelles. *Signées.*

CICÉRI — ENFANTIN

20. Paysages. Trois aquarelles, une *signée.*

CONCA (Sébastien)

21. L'Artiste, par lui-même, 1731. Aux trois crayons. *Signé* et *daté.* Encadré.
H. 368. L. 241.

COROT (J. B. C.)

22. Paysage d'Italie. Fusain. *Signé.*
L. 302. H. 237.

23. Porte du pont de Tolède — Paysage — Etudes de figures. Quatre croquis sous verre. Cachet de la vente.

COULON (E. A.) — VANTEYNE

24. Cornélia Riva, danseuse — Les Cruautés de Théodora — Ballerine — Au Moulin Rouge — Le Zuyderzée. Cinq dessins ou aquarelles, *signés.*

COURBET (Gustave)

25. Les Roches. Peinture. Toile. *Signée.*
L. 315. H. 255.

COURBET (Gustave) ?

26. La Jeune mère. Crayon. Signé : G. C. Encadré.
H. 180. L. 160.

DAUBIGNY (Ch.) ?

27. Paysage. Aquarelle. Encadrée.
L. 400. H. 155.

DAUBIGNY, CABANEL, MERSON, RAJON, etc.

28. Etudes et Sujets divers. Douze dessins ou croquis.

DAUMIER (Honoré)

29. Deux bustes d'hommes. Crayon noir. Encadré.
H. 0,83. L. 0,77.

DAVID (Ecole de Louis)

30. Scène de la Révolution. Plume et encre de chine.
L. 390. H. 260.

DEBUCOURT (Attribué à P. L.)

31. Le Rendez-vous des Masques à la barrière du faubourg St-Antoine, le dimanche gras. *Peinture.* Panneau.
L. 345. H. 250.

32. Promenade de la Cour. *Peinture.* Panneau.
L. 345. H. 242.

DELACROIX (Eugène)

33. Attila et les Barbares foulant aux pieds l'Italie et les Arts, groupes de gauche. A la mine de plomb, sur papier calque. Sous verre.
L. 292. H. 258.

34. Etudes de figures. Mine de plomb. Cachet de la vente.

DENNER (attribué à B.)

35. Le vieux Galant. Gouache sur vélin.
H. 288. L. 215.

DESBOUTIN (Marcellin)

36. Desboutin, par lui-même, 1883. Etude peinte. *Signée, dédicace*. Encadrée.
H. 232. L. 170.

DIETTERLIN (Barth)

37. La Chasse au cerf. Gouache. Encadrée.
L. 155. H. 088.

38. Incendies. Deux gouaches, *signées* et *datées* : 1638, se faisant pendants. Encadrées.

39. Le Château-fort. Gouache. Encadrée.
L. 141. H. 082.

DORÉ (Gustave)

40. Compositions et études diverses, 18 dessins ou croquis.

DUMÉE (Edme)

41. Maisons au bord de la mer. Aquarelle. *Signée*.
L. 145. H. 102.

DUMONT — VILLON — DEZAUNAY — BOUCHERAT

42. Sujets divers. Quatre dessins *signés*. Encadrés ou sous verre.

DUNKER (B. A.)

43. Les Ruines. Aquarelle *signée* et datée : 1794. Encadrée.
H. 247. L. 188.

DUPONT (Victor)

44. Intérieur. Aux crayons de couleurs. *Signé*. Encadré.

ECOLE ALLEMANDE (XVIe siècle)

45. Portrait d'homme. Encre de chine et gouache. De forme ovale. Encadré.
H. 107. L. 089.

ECOLE ALLEMANDE (XVIIIe siècle)

46. Ruines dans un Paysage. Sépia et encre de chine. Encadré.
H. 348. L. 240.

47. Les Amis. Plume et encre de chine. Encadré.
H. 280. L. 205.

ECOLES ANCIENNES

48. La Face de Jésus-Christ. PEINTURE. Toile. Encadrée.
H. 202. L. 135.

49. Bataille, par Le Bourguignon — Etudes de têtes. Trois dessins.

50. Le Jugement de Pâris — David et Bethsabée. Deux dessins.

ECOLE ANGLAISE (1re moitié du XIXe siècle)

51. Jeune Femme à mi-corps. Aquarelle.
H. 183. L. 151.

ECOLE ESPAGNOLE (XVIIe siècle)

52. Un Evêque. A la sépia. Collection Valory. Encadré.
H. 410. L. 205.

ECOLE FRANÇAISE (fin du XVIe siècle)

53. Portrait de Femme. Aux crayons de couleurs.
H. 180. L. 145.

ECOLE FRANÇAISE (XVIIe siècle)

54. Portrait d'Homme à perruque. A la sanguine. De forme ovale. Encadré.
H. 222. L. 180.

55. Sacrifice à Priape. A la plume. Encadré.
L. 379. H. 174.

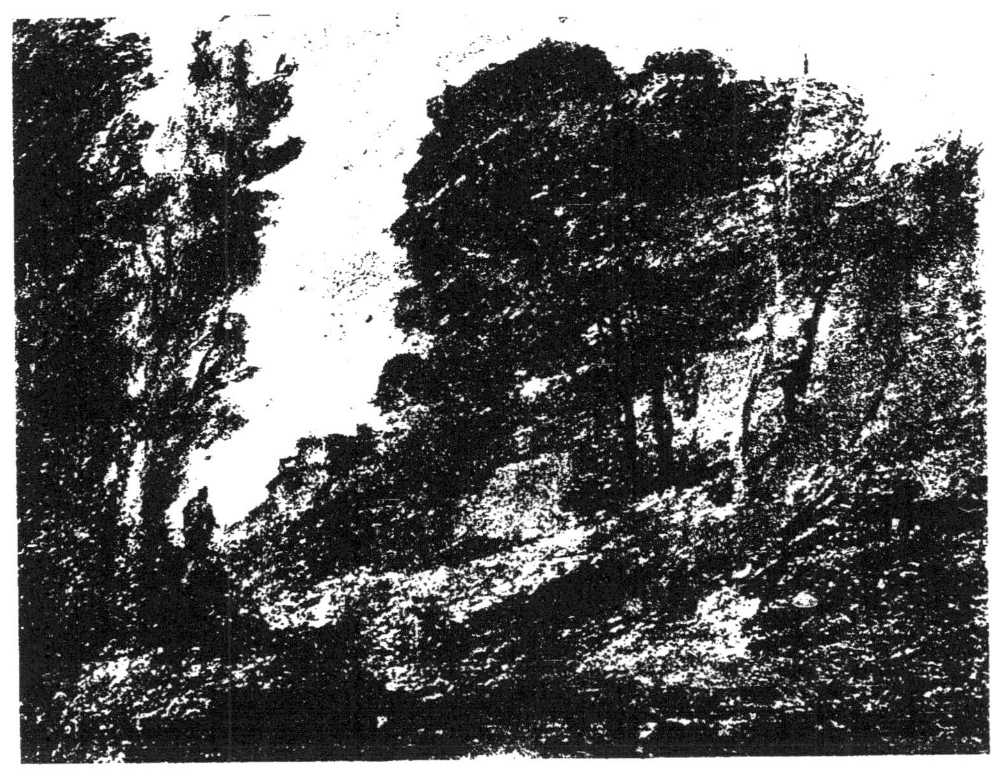

N° 22 du Catalogue.

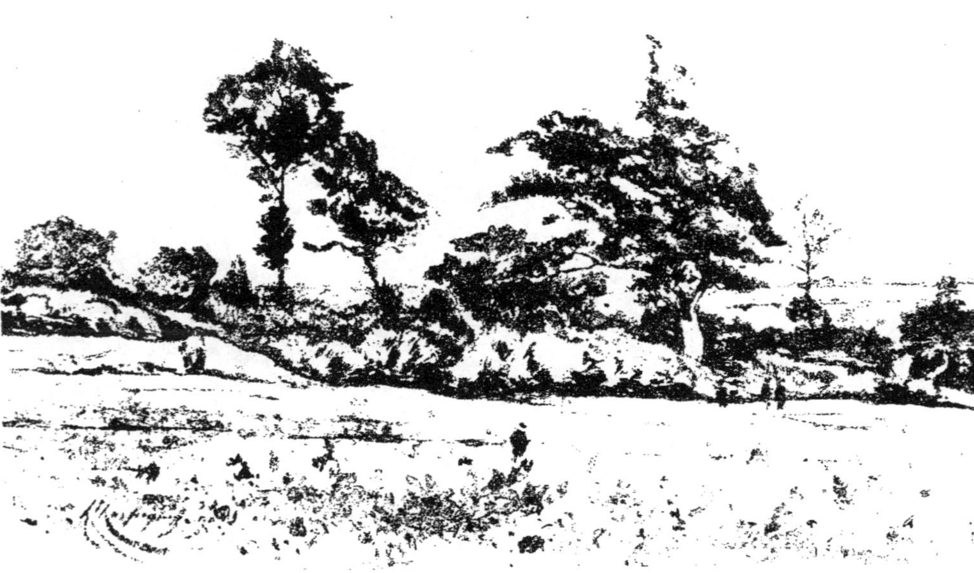

N° 105 du Catalogue

ECOLE FRANÇAISE (XVIIIe siècle)

56. Portrait de Femme. Aux crayons de couleurs. De forme ronde. Encadré.

Diam. 115.

57. Buste de Femme. Aux trois crayons. De forme ovale. Encadré.

H. 283. L. 213.

58 Portrait de Femme. Aux crayons de couleurs.

H. 197. L. 174.

59. Portrait. Crayon noir et sanguine. Encadré.

H. 316. L. 236.

60. Portrait d'Homme. Pastel. Encadré.

H. 420. L. 368.

61. Tête de jeune Garçon. A la sanguine. Encadré.

H. 205. L. 150.

62. Portrait d'Homme. Crayon noir et sanguine (au verso, étude).

63. Jupiter et Léda. Sépia et encre de Chine.

64. Vénus parée par les Grâces. Dessin rehaussé d'aquarelle.

L. 280. H. 223.

65. Pastorale. Aquarelle. Encadrée.

L. 320. H. 225.

66. L'Offrande. A la sanguine.

H. 204. L. [illegible].

67. Bacchante et Amour. Plume et Sépia. Sous-verre.

L. 202. H. 200.

68. La Toilette. A la mine de plomb. Encadré.

L. 185. H. 170.

69. Chaudrons et paniers. Aquarelle gouachée de la coll. H. de Triqueti.

H. 223. L. 157.

70. Les Baigneurs — La Promenade. Deux petites gouaches de forme ronde. encadrées.

71. La Caravane. A l'encre de chine.

L. 359. H. 237.

72. Paysages. Deux dessins aquarellés formant pendants.

73. Sujets divers. Quatre dessins ou gouache.

74. Effet de la Croix lumineuse à St Pierre de Rome — La Leçon de botanique — Le Bivouac, etc. Cinq dessins attribués à Boissieu, Ozanne, etc.

ÉCOLE FRANÇAISE (1re moitié du XIXe)

75. Portrait. Dessin lavé d'aquarelle. De forme ovale. Encadré.

H. 217. L. 103.

ÉCOLE HOLLANDAISE (XVIIe siècle)

76. Les Buveurs. Peinture. Encadrée.

H. 227. L. 170.

77. Paysage. A l'encre de chine.

ÉCOLE ITALIENNE

78. Céphale et Procris. Plume, sépia et rehauts de blanc.

H. 300. L. 260.

79. Mascaron grotesque. Plume et sépia. Encadré.

H. et L. 255.

80. Portail d'Eglise. Plume et sépia.

H. 470. L. 345.

FICHER

81. Vues de Paris et environs, St Germain-en-Laye, etc. Quatorze aquarelles et dessins.

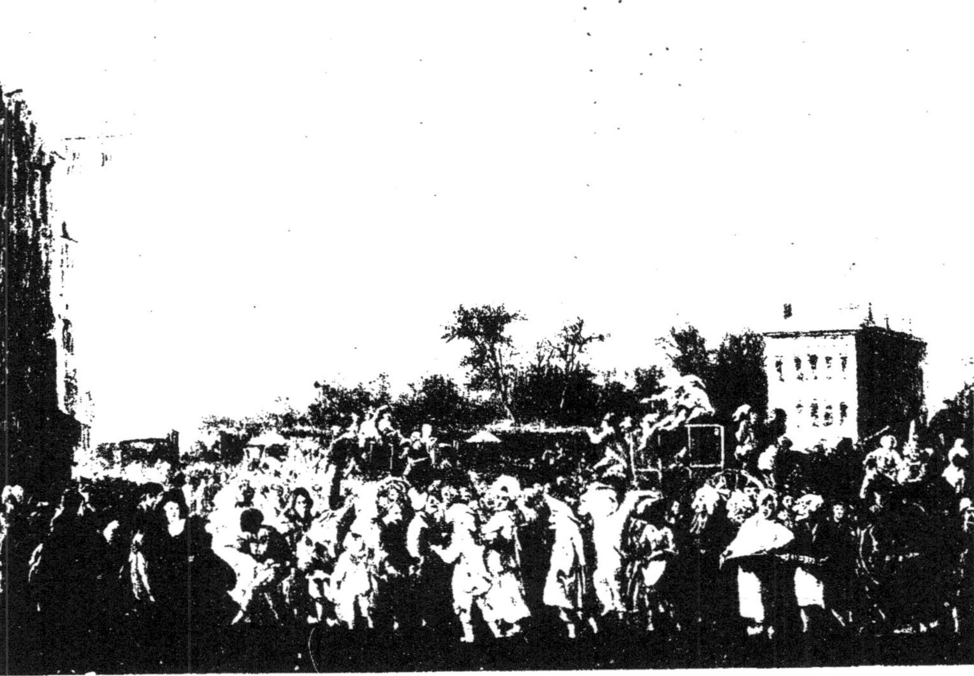

N° 31 du Catalogue.

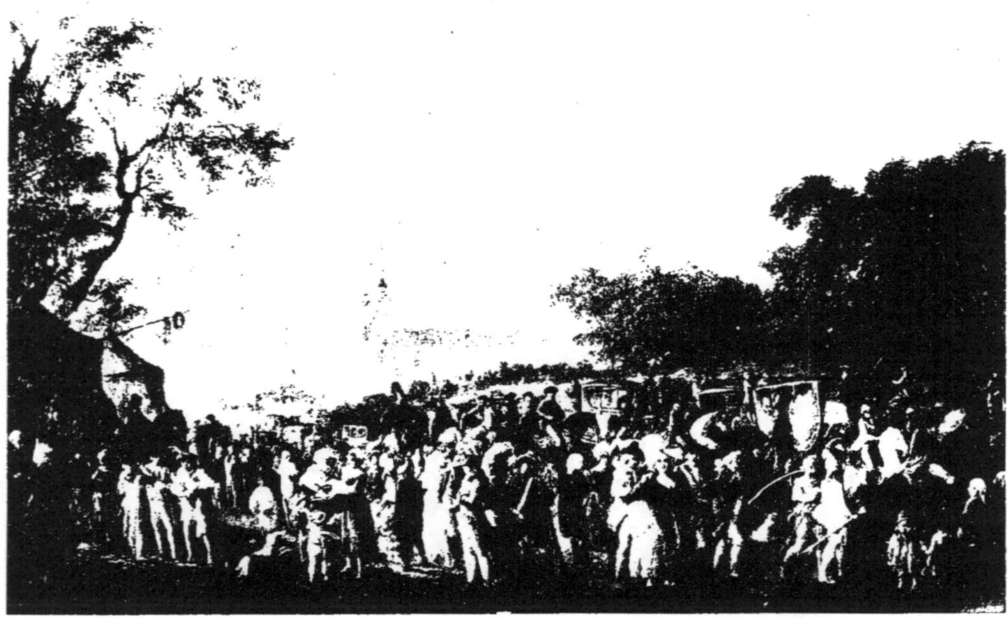

N° 32 du Catalogue

FINART — DROUIN — MOREL-FATIO — G. MORIN

82. Cheval à l'Ecurie — Etretat — Marine — Le Soir — La Charette — Le Moulin. Une aquarelle et cinq dessins.

FLANDRIN (Paul)

83. Costumes et scènes Militaires, 1834 et 1852. Huit dessins ou croquis, la plupart *signés*.

FLERS (Camille)

84. Les Barques. Mine de plomb, avec légers rehauts. Cachet de la vente. Encadré.

FORAIN (J. L.)

85. Sortie de Bal. Croquis pastellisé.

H. 405. L. 270.

86. Amour brutal. Crayon et plume, avec léger rehaut. Signé.

H. 200. L. 190.

87. Promenoir des Folies Bergères. A la plume, légers rehauts.

L. 185. H. 125.

88. Le Rouge aux Lèvres. Crayon noir et bleu. Signé.

H. 210. L. 120.

FORT (Th.) — GRENIER (F.) — JOLIMONT CASSAGNE

89. Cavaliers Louis XIII — *J'ai perdu mon coutiau* — Jumièges — Château de Mesnières. Une aquarelle et trois dessins.

FRAGONARD (d'après H.)

90. L'Instant désiré. Sanguine.

FRANÇAIS (F. L.)

91. Abattis de chênes dans la villa Borghèse. Aquarelle. *Signée* et datée : 1849. Encadrée.

L. 285. H. 200.

GÉLIBERT (Paul)

92. La Brebis et les deux Agneaux. PEINTURE. *Signée.* Encadrée.
L. 285. H. 215.

GIACOMELLI (Hector)

93. Martin pêcheur. Aquarelle. *Signée.* Encadrée.
H. 232. L. 175.

GOBAUT (G.)

94. Scènes de la Conquête de l'Algérie. Deux gouaches. *Signées.*

GOLTZIUS (H.)

95. Ste Véronique. Plume et lavis de deux tons différents.
H. 340. L. 235.

GOUACHES

96. Paysages. Deux gouaches formant pendants.
L. (de chaque gouache) 210. H. 145.

GREVEDON (H.)

97. Jeune Femme assise. Mine de plomb. *Signée.* Encadrée.
H. 285. L. 228.

GUERCHIN (Le)

98. Joseph et Putiphar. A la plume. Collections Denon, J. V. et M. L. S. A été gravé par Denon.
H. 168. L. 152.

99. Vieillard accoudé. A la plume. Encadré.
H. 195. L. 139.

GUYS (C.)

100. Le Cavalier. A l'encre de chine.
H. 256. L. 180.

101 Filles. Deux dessins à l'encre de chine. Encadrés.

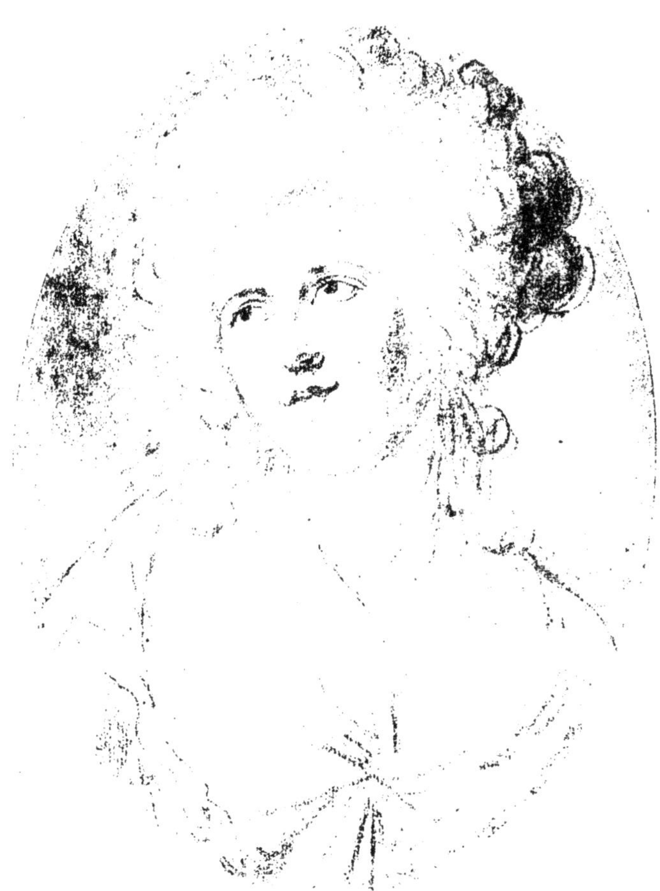

N° 57 du Catalogue.

102. Equipages. Deux dessins à l'encre de chine.

103. Filles de joie et cocottes. Quatre dessins. Encadrés.

HALLÉ (N.)

104. Statue d'un Pape. Contre-épreuve de sanguine. Signée. Encadrée.

H. 380. L. 295.

HARPIGNIES (H.)

105. Paysage de l'Orne. Aquarelle. *Signée* et datée : *70*. Encadrée.

L. 392. H. 293.

106. Coucher de Soleil. Aquarelle. *Signée* et datée : 1872. Encadrée.

L. 330. H. 238.

107. Paysage. Aquarelle. *Signée*. Encadrée.

H. 150. L. 110.

HEILBUTH (F.)

108. Les Amantes. Aquarelle. *Signée*. Encadrée.

H. 192. L. 134.

HERVIER (A.)

109. Scène de marché. A la plume. *Signé* et daté : mars 1860.

L. 156. H. 118.

110. Le Village. Aquarelle. Encadrée.

L. 137. H. 055.

HUET (d'après J. B.)

111. Le Chien savant. Encadré, cadre ancien.

ISABEY (J. B.)

112. La Reine Hortense? en prières dans une crypte. Sépia. Encadrée.

H. 375. L. 290.

ISABEY (Eugène)

113. Marine, Londres 23 avril 1820. Aquarelle. Encadrée.
H. 185. L. 130.

114. Crypte. Londres, 1820. Aquarelle. Encadrée.
H. 200. L. 138.

115. Les Barques sur la grève. Aquarelle. Encadrée.
L. 242. H. 091.

116. La Falaise. Crayon noir. Cachet de la vente.
L. 325. H. 172.

117. Vieille maison à Tréguier. Mine de plomb. Signée des initiales. Timbre. Encadrée.
H. 177. L. 102.

JACQUE (Charles)

118. La Truffière. A la mine de plomb, avec rehauts de blanc. Signé et daté : 1846. Encadré.
L. 199. H. 138.

119. Le Moulin, d'apr. Hobbema, épr. photographique retouchée et légendée. Collection H. Giacomelli. Encadrée.

JOHANNOT (Tony)

120. L'Aieule. A la mine de plomb. *Signé.*
L. 325. H. 260.

JORDAENS (Jacob)

121. Jésus dans la maison de Marie. Crayon, plume et sépia.
L. 395. H. 304.

JOUILLAIN (François)

122. Buste de jeune Femme. Aux trois crayons.
H. 342. L. 296.

123. Buste de jeune Homme. Aux trois crayons.
H. 396. L. 310.

KRAUSS (G. M.)

124. La Légende de Croquemitaine. A la sépia. Encadrée.

L. 360. H. 250.

KRUMM (S.)

125. Portrait d'homme. A la plume. Signé du monogramme et daté 154 (0).

H. 191. L. 131.

LAFITTE

126. Jupiter et Léda. Sanguine avec rehauts de blanc.

H. 243. L. 193.

LALAISSE (Hippolyte)

127. Vues de Turquie. Dix-huit dessins à la sépia ou à la mine de plomb.

LALLEMAND (J. B.)

128. La Danse villageoise. A la plume, lavé d'encre de chine. *Signé*. Encadré.

L. 211. H. 158.

LAMBERT (Eugène)

129. Le Coq et la Poule — Le Lièvre et la Tortue — La Tortue et les deux Canards. Trois dessins à la plume, lavés d'encre de chine. *Signés*. Encadrés.

LAMI (Eugène)

130. La Queue de la Colonne. A la mine de plomb.

L. 310. H. 225.

LANCRET (Nicolas)

131. Personnage de dos et études de mains. A la sanguine. Encadré.

H. 200. L. 097.

LANCRET (d'après Nic.)

132. Le Jeu de cache-cache mitoulas. Aquarelle. Encadrée.

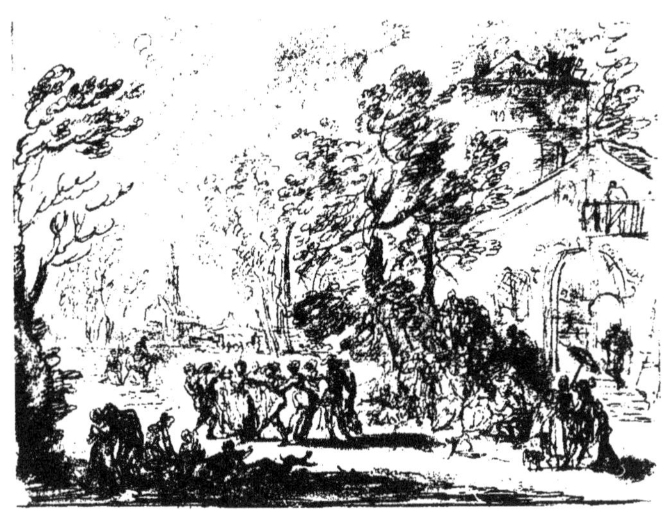

N° 128 du Catalogue.

LANDERSET (J.)

133. Départ pour la Chasse — Retour de chasse. Deux gouaches se faisant pendants. *Signées*. Encadrées.
L. 770. H. 495.

LEBERT (Henri)

134. Œillets. Aquarelle sur vélin. *Signée* et datée : 1825.
H. 235. L. 180.

LEPRINCE (A. X.)

135. Les Chasseurs. Sépia *signée* et datée : 1822. Sous verre.
L. 187. H. 133.

LEROLLE (H.)

136. Coucher de soleil au bord de la mer. Crayon rehaussé d'aquarelle. *Signé*. Encadré.

L. 288. H. 202.

LIOTARD (d'après)

137. Etudes de figures, deux dessins à double face sous le même cadre.

LOUTHERBOURG (J. Ph.)

138. Le Troupeau. Sépia. Encadrée.

L. 273. H. 193.

LOUVEAU-ROUVEYRE (Maurice)

139. Cour de la Maison de Charlotte Corday, 57, rue d'Argout. Aquarelle *signée*. Encadrée.

H. 740. L. 530.

LUNAUD

140. Sujets d'Enfants. Deux dessins à l'encre de chine, formant pendants. *Signés*.

LUYKEN (Jean)

141. Une Procession. Plume et encre de chine. Collections Lagoy, Gelozzi, etc. Encadré.

L. 177. H. 097.

M*** (C.)

142. Paysage. A l'encre de chine. Signé : *C. M. 12 février 1789*. Encadré.

MANSSON (Th.) — ROUSSIN (A. de la)

143. ROUEN : Eau-de-Robec — Place de la Croix St-Pierre, 1840. Aquarelle et dessin.

MARTIN (Hughes)

144. Le Paysage au Cavalier. Etude peinte. Encadrée.

MATTEINI (Th.)

145. Portraits d'Homme et de Femme. Deux dessins aux deux crayons. *Signés* et datés : 1799 et 1803.

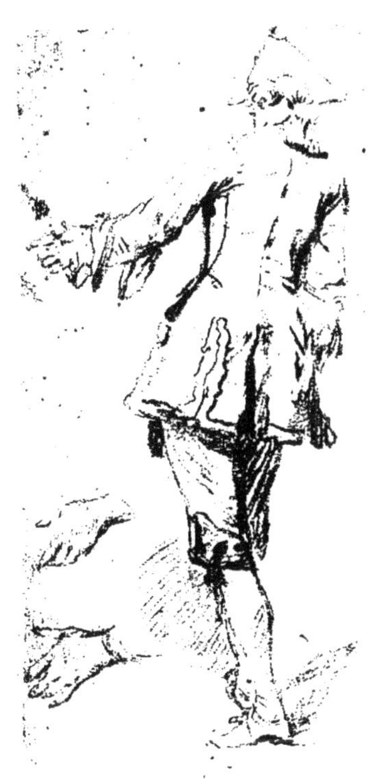

N° 131 du Catalogue.

MINIATURES (fin du XVe siècle)

146. Job sur le fumier.

147. L'Annonce aux Bergers.

148. La Nativité.

149. Six feuillets d'antiphonaires avec lettres ornées.

150. Lettres ornées des XIV et XVe siècles, 36 miniatures. *Ce n° sera divisé.*

MINIATURE (XVII siècle ?)

151. Personnage du temps de Louis XIII. De forme ovale. Encadré.

MINIATURES (XVIIe siècle)

152. Le Louvre — Gaillon. Deux miniatures sur vélin.

MINIATURE (XVIIIe siècle)

153. Portrait de Femme, miniature inachevée.

MINIATURES PERSANES

154. Personnage assis.

155. Personnage debout, tenant un sabre.

MOREAU le jeune (J. M.)

156. Personnage assis et étude de main. Crayon, encadré.

H. 145. L. 100.

MULNIER fils

157. Portrait d'homme. Miniature. *Signée.*

NATOIRE (Charles)

158. Allégorie. Crayon avec rehauts de blanc sur papier bleu. Encadré.

L. 290. H. 230.

OSTADE (A. van)

159. Le Buveur au pichet. Dessin aquarellé. Encadré.

H. 0,90. L. 0,65.

OUDRY (d'après J. B.)

160. Chien de chasse. Gouache.

L. 258. H. 196.

PENNE (Ol. de)

161. La Curée. A la plume. Signé. — Vue des Courses Espagnol (sic) à Madrid, gravure. Deux pièces encadrées.

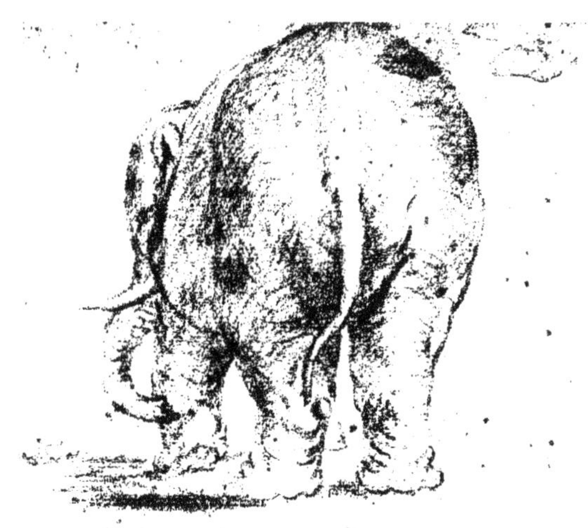

N° 168 du Catalogue.

PÉRIGNON (Nicolas)

162. Cour de Ferme. Crayon rehaussé d'aquarelle. Signé des initiales.

L. 222. H. 154.

PIERRE (J. B. M.) ?

163. Scène orientale. Plume et encre de chine. Encadré.

H. 260. L. 212.

PILLEMENT (Jean)

164. Paysage. *Signé* et daté : 1764.

L. 315. H. 215.

PRINS (J. H.)

165. Le Moulin. Sépia. Signée et datée : 1793.

L. 387. H. 267.

PUY (J.)

166. Etude de Femme. Crayon noir et pastel. Signé. Sous-verre.

RAFFET (A.)

167. Camp de Compiègne : Costumes Militaires et harnachements. Dix dessins ou croquis, plusieurs rehaussés d'aquarelle.

REMBRANDT van RIJN

168. Un éléphant. Crayon noir. Encadré.

L. 131. H. 115.

REMBRANDT (Ecole de)

169. Sujet biblique. A la plume.

L. 210. H. 148.

RIBOT (Théodule)

170. Paysages, Fontainebleau. Deux dessins dans un cadre.

171. Projet de romance — Etude. Deux dessins dans un même cadre.

172. Etudes d'Enfants. Trois dessins. Encadrés.

173. Etudes d'Enfants. Neuf dessins sous trois cadres.

RICCI

174. Portrait de Femme, 1655. Aux crayons de couleurs.

H. 225. L. 154.

RICCI ?

175. Têtes de Femmes. Deux dessins aux crayons de couleurs. Encadrés.

ROBERT (attribué à Hubert)

176. L'Entrée d'un Palais. A la sanguine. Encadré.
H. 550. L. 400.

RODIN (Auguste)

177. Femme assise. Dessin aquarellé. Signé des initiales.
H. 293. L. 187.

178. Femme agenouillée. Dessin aquarellé. Signé des initiales.
H. 313. L. 208.

179. Femme couchée, de dos. Dessin aquarellé. Signé des initiales.
L. 300. H. 192.

180. Etude de Femme. Dessin aquarellé. Signé des initiales.
H. 306. L. 177.

181. Femme de dos. Dessin aquarellé. Signé des initiales.
H. 302. L. 180.

ROPS (F.)

182. Ostende. Etude peinte. Signée. Encadrée (éraflure).
L. 305. H. 185.

ROUSSEAU (Théodore)

183. Paysage. Sépia avec rehauts de blanc. Timbre de la vente.
L. 238. H. 146.

SISLEY (A.)

184. Paysage. Aux crayons de couleurs. *Signé.* Encadré.
L. 300. H. 178.

185. Etudes d'Oies. Aux crayons de couleurs. *Signé*. Encadré.

L. 292. H. 175.

SOMM (Henry)

186. Parisiennes. Deux aquarelles. *Signées*.

187. Intérieur — Promenade. Deux aquarelles. Signées.

STEINLEN (Th. A.)

188. L'Amateur. Crayon noir. *Signé*. Encadré.

H. 450. L. 345.

SUVÉE

189. Site d'Italie. A la sanguine. Encadré.

L. 420. H. 330.

TARAVAL

190. La Naissance de Vénus. A la sanguine. Encadré.

L. 288. H. 194.

TÉNIERS (David)

191. Les Joueurs de boules. A la mine de plomb.

L. 204. H. 138.

TESSON — BENTABOLE — WYLD

192. La Mare — La Falaise — Venise. Deux aquarelles et un dessin. Signés.

TIEPOLO (D.)

193. La Madeleine pénitente. A la sépia.

L. 305. H. 250.

VAN DONGEN

194. La Femme au chat. A l'encre de chine avec rehauts. Signé. Encadré.

L. 575. H. 337.

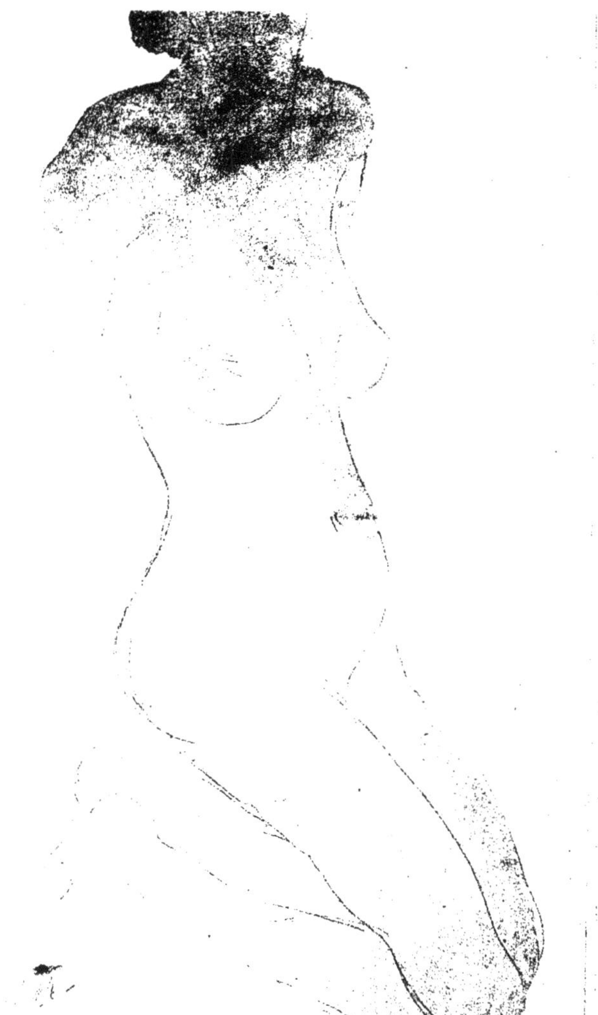

N° 178 du Catalogue.

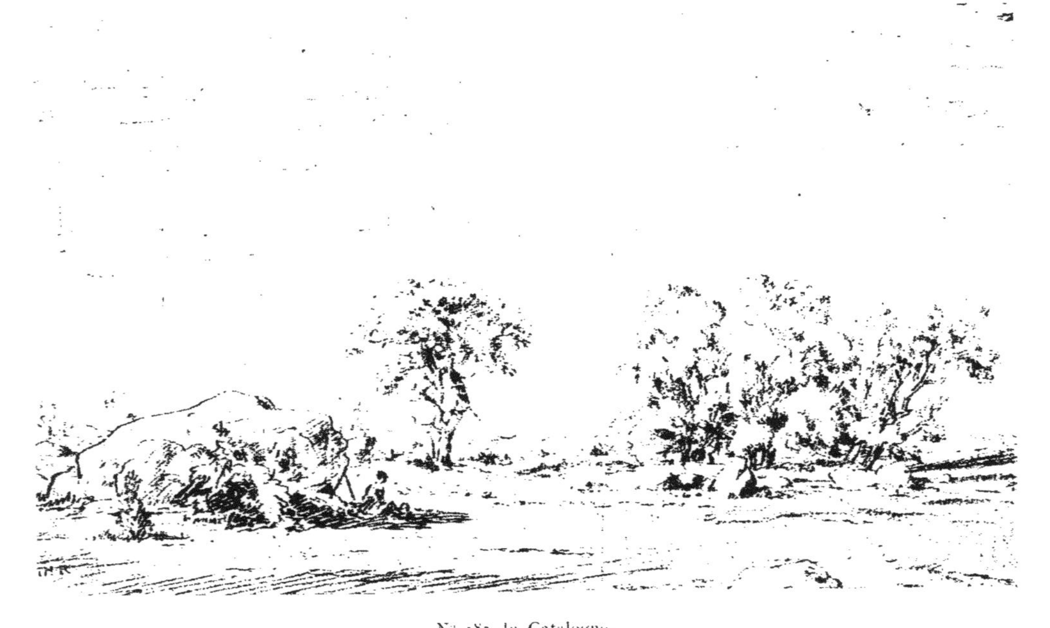

N° 183 du Catalogue.

194 *bis*. Une Femme. Crayon et encre de chine, avec rehaut. Signé.

H. 300. L. 235.

VAUZELLE

195. La Cascade de St Cloud. Aquarelle gouachée Signée. Encadrée.

L. 420. H. 302.

VERBOECKHOVEN (Eugène)

196. Quatre têtes de chevaux harnachés. A la mine de plomb. Signé et daté : 1841. Encadré.

L. 372. H. 255.

196 *bis*. Un Lion. A la plume. Encadré.

VILLERET (F. E.)

197. Vue prise à Caen. Aquarelle. *Signée*.

H. 228. L. 164.

WATTEAU DE LILLE (L. J.)

198. Jeune Femme à mi-corps. Crayon avec rehauts de blanc sur papier bleu. Collection R. Portalis.

H. 213. L. 165.

WEISS (G. A.)

199. La Place des Halles, d'après Jeaurat. *Signé* et daté : *1771 26 janv.*

WILLE fils (P. A.)

200. J. J. Rousseau. A la sanguine. Encadré.

H. 405. L. 395.

WILLETTE (Ad.)

201. Pour les blessés grecs ! A la plume. *Signé*. Encadré.

H. 275. L. 215.

202. Une Manifestation. A la plume. *Signé. Dédicace.* Encadré.

H. 265. L. 240.

203. Allons, oust, chers abonnés.... A la plume. *Signé. Dédicace.* Encadré.

H. 255. L. 235.

204. Comment on gagne une insolation. A la plume, rehaussé d'aquarelle. *Signé.* Encadré.

H. 232. L. 230.

205. *Mascarade anachranisme.* A la plume. Signé. Encadré.

L. 440. H. 295.

WITT (de)

206. Allégorie, motif de plafond. Deux aquarelles. Sous-verre.

L. 220. H. 210.

XAVERY (F.)

207. Pastorale. A l'encre de chine. *Signé.* Encadré.

L. 405. H. 327.

DIVERS

208. Sous ce numéro, il sera vendu 15 aquarelles et dessins par E. Renouard, Mansson, Merlin, etc.

209. Motifs de fleurs et de fruits. Quatre aquarelles sur vélin.

210. Sous ce numéro, il sera vendu 80 estampes et dessins anciens et modernes.

211. Siège d'une ville — Combat de cavaliers. Deux dessins encre de chine et sépia.

212. Sujets divers. Quatorze dessins ou croquis.

213. Sujets divers, paysages, études, etc. Une peinture et 29 dessins anciens et modernes.

214. Sujets divers — Paysages. Neuf peintures ou dessins par Guilloux, Le Pan de Ligny, Jeanniot, etc.

215. Sujets divers et Paysages, 19 dessins anciens et modernes.

216. Sujets divers et paysages, vingt dessins anciens, la plupart du XVIIIe siècle.

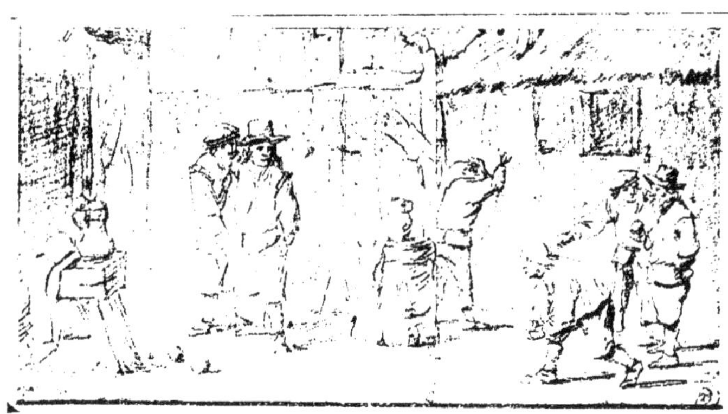

N° 191 du Catalogue.

217. Sujets gracieux. Quatre dessins. Encadrés.

218. Sujets divers, têtes d'études. Treize dessins attribués à David, etc.

219. Sujets divers et Paysages. 21 dessins anciens et modernes.

220. Scènes humoristiques pour les journaux amusants, 240 dessins.

221. Allégorie relative au Mariage du Duc et de la Duchesse de Berry — Décoration — Paysages. Cinq dessins ou aquarelles attribués à divers artistes.

222. Paysages. Trois dessins (2 rehaussés d'aquarelle), encadrés.

223. Le Vieillard et les trois enfants — Ancienne crypte. Deux dessins encadrés.

224. Sous ce n°, il sera vendu par lots, un certain nombre d'estampes et de dessins non catalogués.

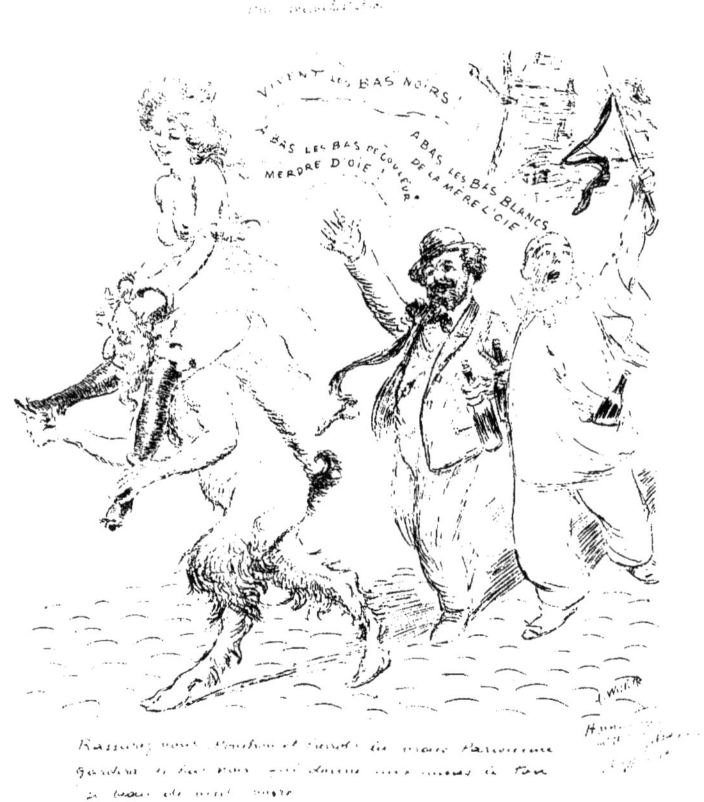

N° 202 du Catalogue.

FRAZIER-SOYE

GRAVEUR-IMPRIMEUR

153-155-157, Rue Montmartre

PARIS

www.ingramcontent.com/pod-product-compliance
Ingram Content Group UK Ltd.
Pitfield, Milton Keynes, MK11 3LW, UK
UKHW022006260726
13994UKWH00004B/1969